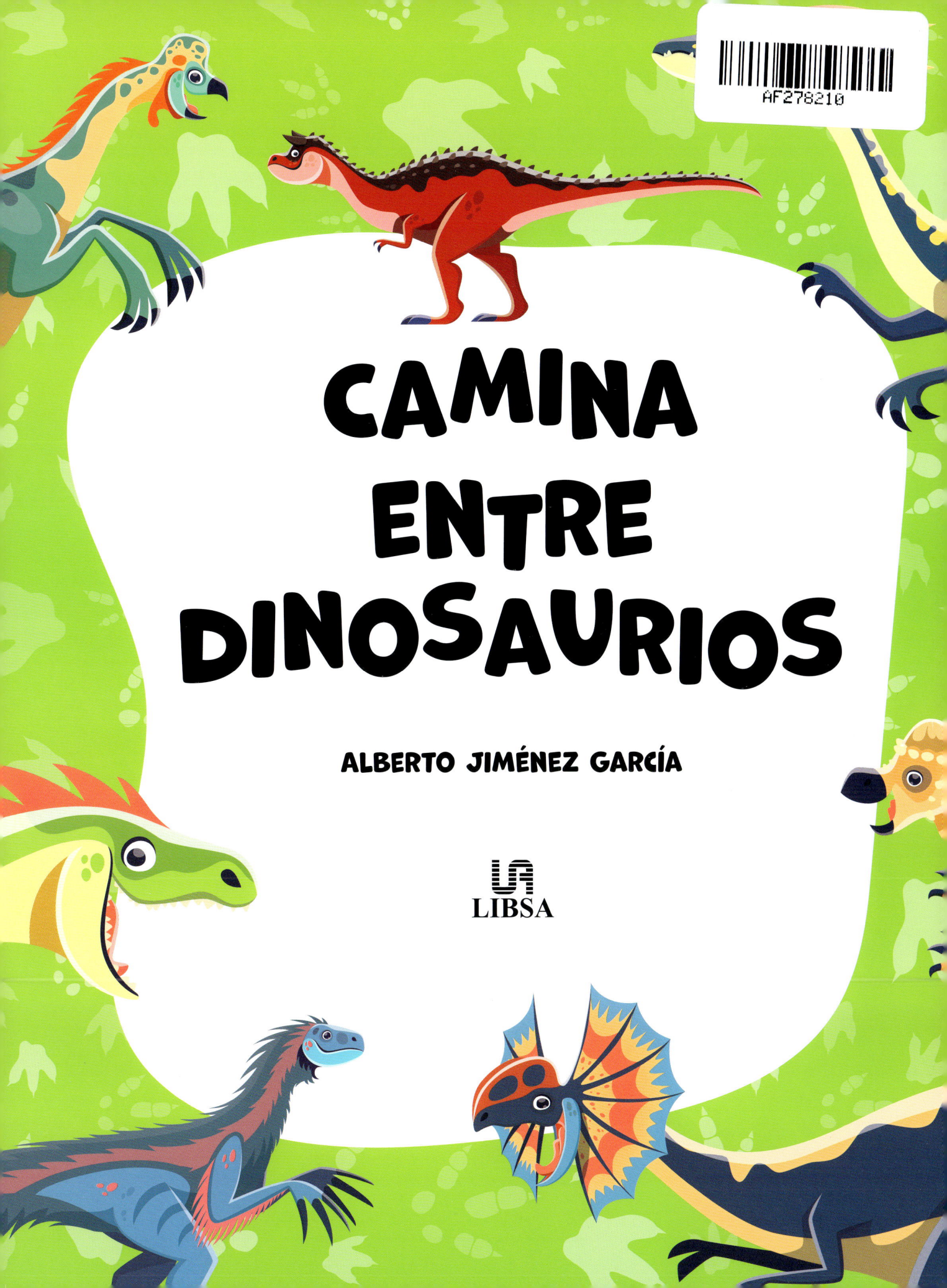

CAMINA ENTRE DINOSAURIOS

ALBERTO JIMÉNEZ GARCÍA

LIBSA

© 2025, Editorial LIBSA
C/ Puerto de Navacerrada, 88
28935 Móstoles. Madrid
Tel. (34) 91 657 25 80
e-mail: libsa@libsa.es
www.libsa.es

ISBN: 978-84-662-4345-2

Ilustración: Shutterstock y Gettyimages y Archivo Libsa
Textos: Alberto Jiménez García
Edición: equipo editorial LIBSA
Maquetación: Alberto Jiménez García
Diseño de cubierta: equipo de diseño LIBSA

DL: M-13902-2024

Contenido

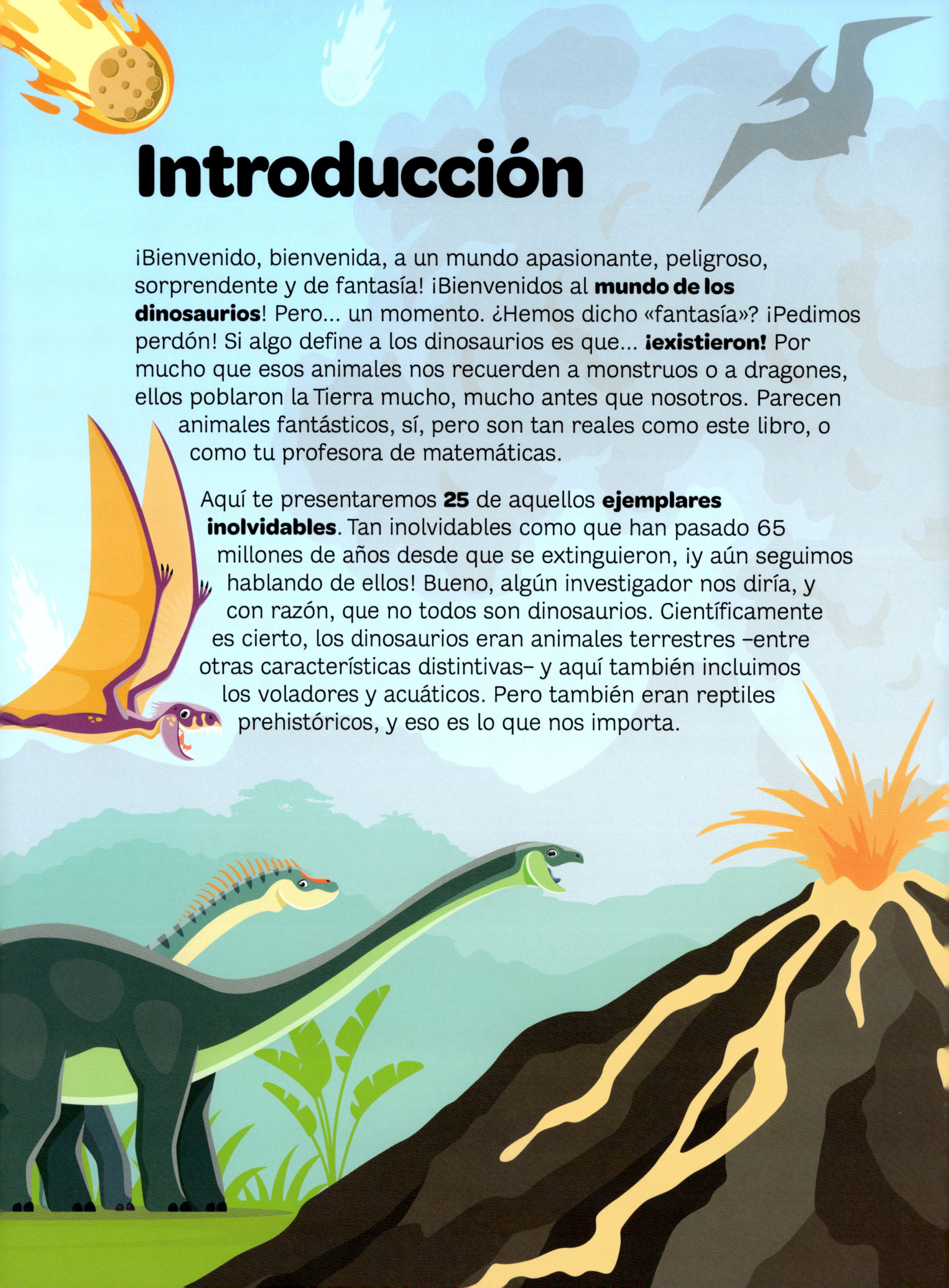

Introducción

¡Bienvenido, bienvenida, a un mundo apasionante, peligroso, sorprendente y de fantasía! ¡Bienvenidos al **mundo de los dinosaurios**! Pero... un momento. ¿Hemos dicho «fantasía»? ¡Pedimos perdón! Si algo define a los dinosaurios es que... **¡existieron!** Por mucho que esos animales nos recuerden a monstruos o a dragones, ellos poblaron la Tierra mucho, mucho antes que nosotros. Parecen animales fantásticos, sí, pero son tan reales como este libro, o como tu profesora de matemáticas.

Aquí te presentaremos **25** de aquellos **ejemplares inolvidables**. Tan inolvidables como que han pasado 65 millones de años desde que se extinguieron, ¡y aún seguimos hablando de ellos! Bueno, algún investigador nos diría, y con razón, que no todos son dinosaurios. Científicamente es cierto, los dinosaurios eran animales terrestres –entre otras características distintivas– y aquí también incluimos los voladores y acuáticos. Pero también eran reptiles prehistóricos, y eso es lo que nos importa.

¿Qué te vas a encontrar en este libro?

- Primero conoceremos a los **dinosaurios carnívoros**, algunos tan grandes y musculosos que podrían matar a un elefante sin despeinarse. Bueno, normal, porque no tenían pelo, sino escamas; pero algunos tenían plumas y evolucionaron hasta convertirse en los actuales pájaros. También veremos algunos pterosaurios, que eran reptiles voladores: ¡pero que no son los antepasados de nuestras aves!

- Luego llegaremos a los **herbívoros**, que pese a no comer carne eran gigantescos, aún más grandes que los anteriores. Imagínate, ¡comían cientos y cientos de kilos de hojas y vegetales al día! Menos mal que en aquellos tiempos (el Cretácico, el Jurásico, hace cientos de millones de años) la Tierra estaba cubierta de vegetación, infinitamente más que ahora.

- Y todo ello, por supuesto, a la vez que resuelves **acertijos y enigmas** que te planteamos con cada animal. Los verás más fáciles, más difíciles; de letras, de matemáticas, de lógica... Todo un desafío para ti. Pero si te has acercado al mundo de los dinosaurios, es porque tienes curiosidad y valentía. Y con esas dos aptitudes, unidas a una gran actitud, todo reto se supera. ¿Te animas a probar?

Tiranosaurio

El rey de los dinosaurios

Hace muchos, muchos, millones de años existió el animal más temible y feroz que ha habitado la Tierra.

QUÉ CURIOSO

Su mordedura, tres veces mayor a la de un tiburón blanco, lo convierte en el animal terrestre con la mordedura más letal de todos los tiempos.

Brazos diminutos

El tiranosaurio tenía unos brazos extrañamente cortos: si los nuestros tuvieran la misma proporción, ¡solo medirían 13 cm! No podían tocarse entre sí, no podían alcanzar la boca y no podían estirarse mucho, ni hacia adelante, ni hacia arriba. ¿Para qué le servían entonces? No se sabe todavía…

EL DATO

Podía llegar a alcanzar 13 m de largo y unos 4 m de alto. Pesaba entre 6 y 8 toneladas.

Dientes, dientes

Tenía de 50 a 60 dientes cónicos ¡tan grandes como plátanos!

¿Qué comía?

Carne, mucha carne. Podía cazar presas de casi cualquier tipo; pero sus favoritas eran herbívoros y carnívoros más pequeños porque eran más fáciles de cazar. Aunque pocos se le resistirían gracias a su tamaño y a sus mandíbulas y dientes muy fuertes.

EL RETO. El tiranosaurio era realmente inteligente, ¡pero seguro que no te gana a contar todos estos elementos!

Espinosaurio

Pero muerde más que pincha

Un depredador feroz que se manejaba tanto sobre tierra como bajo el agua, que cazaba peces, tortugas... ¡o plesiosaurios!

EL DATO

Su peso se aproximaba a las 7 toneladas y la altura de las espinas era de... ¡casi 2 m!

QUÉ CURIOSO

Los investigadores aún no se aclaran. Unos creen que las espinas de este dinosaurio estaban unidas mediante piel y formaban una especie de vela, y otros que estaban unidas por una reserva de grasa y que formaban una joroba, similar a la de un camello.

Un depredador largo

El espinosaurio no era el dinosaurio carnívoro más grande, pero quizá sí el más largo. Era mucho más bajito que el tiranosaurio, por ejemplo, pero podía alcanzar hasta los 18 m de largo. Con la vela, su altura llegaba a cerca de 5 m. La boca, parecida a la de los cocodrilos, tenía más de un metro de largo.

Cocodrilo feroz
Contaba con unos 20 dientes rectos y cónicos de entre 30 y 40 mm.

¿Era acuático?

Los fósiles recogidos muestran que comía pescado, y que su estructura le permitía moverse tanto en tierra como en agua, como los cocodrilos actuales.

EL RETO

Aquí tenemos varios montones de espinas de colores que se les han caído a unos espinosaurios. Cuenta cuántas hay en cada uno y en qué montón hay más.

A =

B =

C =

D =

E =

F =

G =

H =

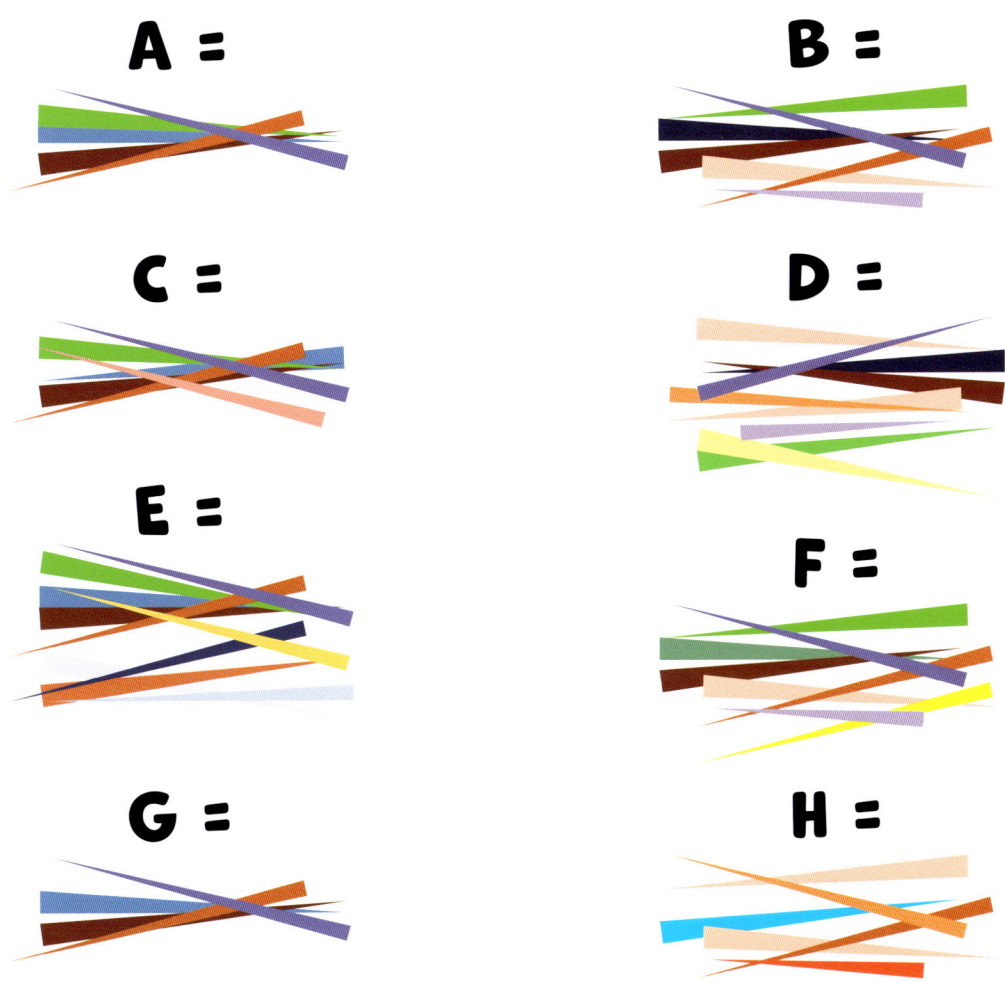

Ahora, haz sumas con los diferentes montones:

A + B =

C + D =

E + F =

G + H =

Alosaurio

El terror del Jurásico

Este es el dinosaurio con el mayor número de fósiles encontrados. Es, por tanto, uno de los más conocidos. Podrás encontrar algún esqueleto suyo bien conservado en varios museos.

Mandíbulas débiles, dientes fuertes

El alosaurio era un dinosaurio muy cabezota. A ver, nos referimos a que su cabeza era muy grande (alrededor de un metro), y para compensar su tamaño, el cráneo tenía un montón de agujeros para aligerar su peso (¡la naturaleza es sabia!). Sin embargo, pese al tamaño de su cráneo, su mordedura no era especialmente fuerte. Pero lo compensaba con unos dientes aserrados y afilados, el terror de los herbívoros.

Lágrimas de hueso

Cerca de los ojos tenemos el hueso lagrimal. Los alosaurios también lo tenían, pero en su caso estaba engrosado de tal manera que formaba una especie de cuerno recubierto por músculo y piel. ¿Para hacerse más reconocible, para luchar, para protegerse del sol? No lo sabemos muy bien, pero es algo que los hacía muy reconocibles.

Nacer, crecer, vivir, morir…

Sí, cuando eran pequeños, los alosaurios resultaban muy tiernos. Aquellas criaturas nacían de unos huevos del tamaño de un balón de fútbol y apenas medían unos 35 cm. Al principio solo comían insectos. Pasados unos meses, ya comían carne y alcanzaban su tamaño adulto a los 12 años. Si tenían suerte, podían vivir hasta los 50 años.

EL RETO. Este alosaurio tiene que ir en busca de su huevo, pero para ello debe partir del número 1 y llegar al 49, saltando de tres en tres.

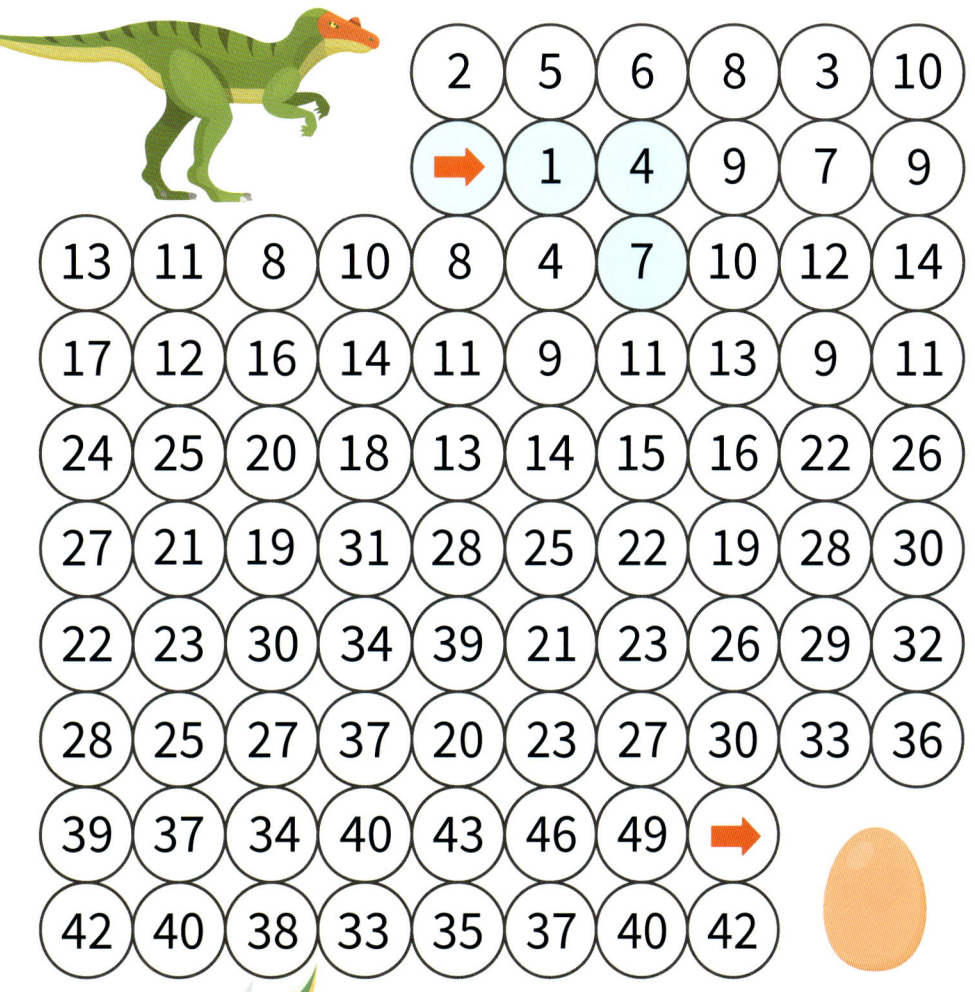

QUÉ CURIOSO

Este género de dinosaurios nos recuerda un poco a los tiranosaurios, pero en realidad, ellos nunca coincidieron. Los alosaurios vivieron a finales del Jurásico, y los tiranosaurios, en la última parte del Cretácico. Es decir, los alosaurios existieron (y se extinguieron) mucho antes.

Sucomimo

Un primo (muy) lejano del cocodrilo

En realidad, a quienes se parecían los sucomimos era a los espinosaurios, pero la forma de sus mandíbulas y su hábitat nos ha despistado un poco.

Una garra para agarrar y desgarrar

El sucomimo se movía por ambientes pantanosos, con agua, y de ella sacaba la mayoría de su alimento. Cazaba peces, anguilas, rayas y otras presas menores. Para ello, se ayudaban de una garra gigante en sus pulgares, con la cual inmovilizaban y rajaban (¡ay!) a sus presas.

¡Ellos no imitaban!

En griego, *Suchomimus* quiere decir, literalmente, «imitador de cocodrilo». Pero, en realidad, no podrían haberlos imitado, porque los sucomimos surgieron millones de años antes.

EL DATO

Se cree que al menos medía 11 m de largo, pero puede que fueran incluso más, y podría llegar a las 5 toneladas de peso.

QUÉ CURIOSO

Esta especie cuenta con un cráneo que nos recuerda bastante al de un cocodrilo: un hocico largo y bajo y mandíbulas estrechas. Tenía al menos 122 dientes cónicos, puntiagudos pero poco afilados y ligeramente curvados hacia atrás. ¡Su mordedura era especialmente letal!

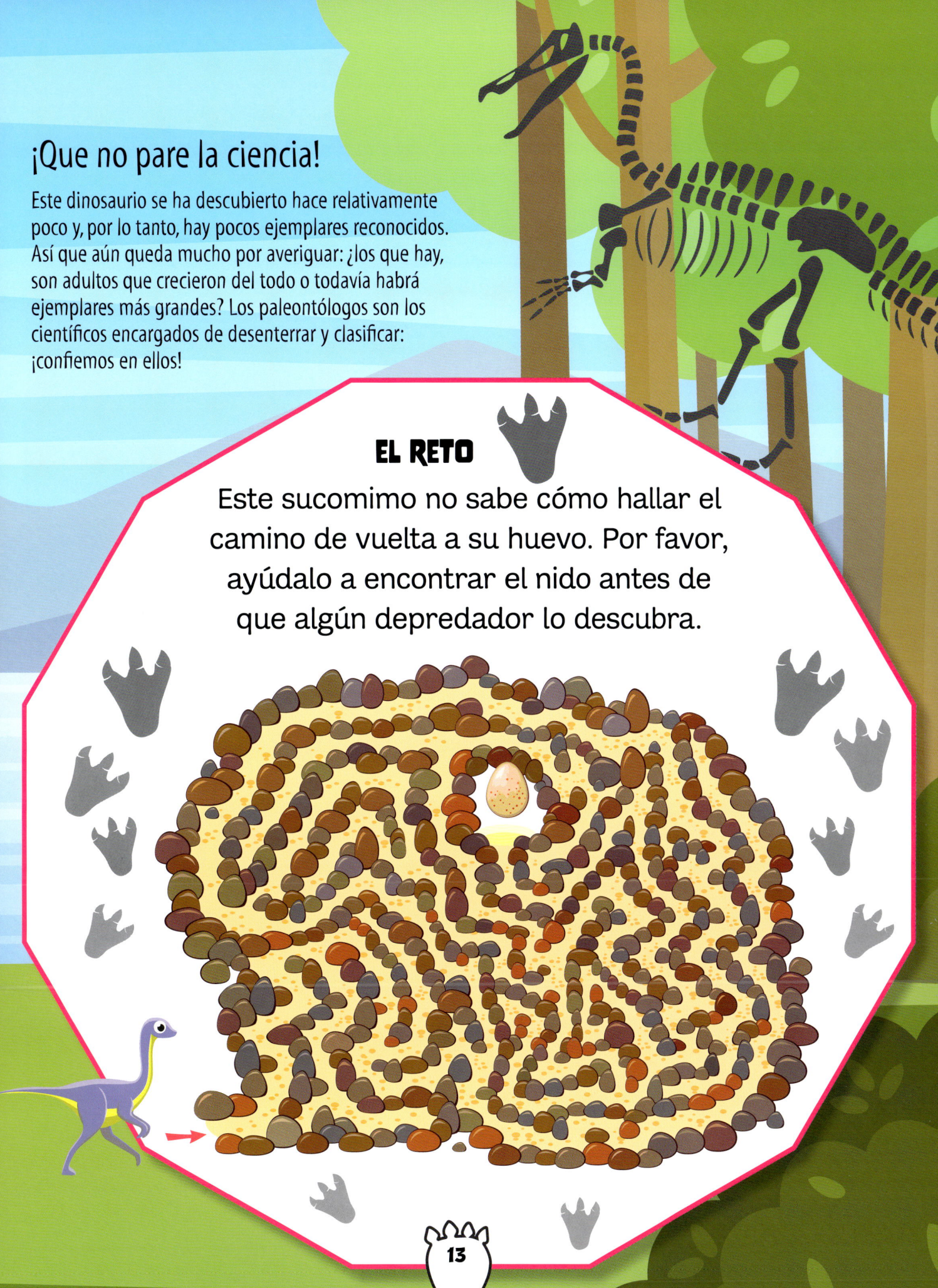

¡Que no pare la ciencia!

Este dinosaurio se ha descubierto hace relativamente poco y, por lo tanto, hay pocos ejemplares reconocidos. Así que aún queda mucho por averiguar: ¿los que hay, son adultos que crecieron del todo o todavía habrá ejemplares más grandes? Los paleontólogos son los científicos encargados de desenterrar y clasificar: ¡confiemos en ellos!

EL RETO

Este sucomimo no sabe cómo hallar el camino de vuelta a su huevo. Por favor, ayúdalo a encontrar el nido antes de que algún depredador lo descubra.

Carnotauro

Cuernos de toro, hambre de dinosaurio

Cuando encontraron los primeros fósiles de este dinosaurio, llamaron mucho la atención dos pequeños cuernos en su frente. Así que lo bautizaron como carnotauro: el «toro carnívoro».

No metían la pata, no...

Este dinosaurio nos recuerda un poco al tiranosaurio por su constitución, aunque era algo más pequeño. Si los tiranosaurios tenían unas patas delanteras diminutas, las de los carnotauros eran aún menores. Lo suyo era correr, cazar y... ¡despedazar!

QUÉ CURIOSO

Al carnotauro lo distinguía su capacidad para abrir mucho la boca, gracias a una articulación especial de las mandíbulas. Esto le permitía abrirla mucho y tragar presas más grandes que su cráneo. ¡Ñam, ñam!

Un nombre muy claro

Aunque esos cuernos nos sirven para darle nombre, no se sabe muy bien para qué le servían a él. Parecen demasiado pequeños como para atacar o defenderse. ¡Hay que seguir investigando!

EL DATO

Tenía unos 9 m de largo y cerca de 3,5 m de alto, y pesaba unas 2 toneladas. ¡Y podía correr a 50 km/h!

EL RETO. Entre el carnotauro y sus amigos solo hay uno diferente. ¡Encuéntralo!

Chicos listos con cerebro pequeño

Como todos los dinosaurios, el carnotauro tenía un cerebro pequeño en comparación con el nuestro o el de otros mamíferos. ¿Quería eso decir que eran un poco «tontos»? Para nada, estos animales estaban muy bien adaptados, y tenían el cerebro que necesitaban para sobrevivir: ¡coordinación, olfato, rapidez e instinto!

Dilofosaurio

Un dinosaurio guapetón

De haberlos conocido, este habría sido uno de los dinosaurios más bonitos de ver por sus extrañas y espectaculares crestas, que eran, probablemente, de colores.

Bonita, pero frágil

¿Qué función podía tener aquella cresta? No está del todo claro, pero posiblemente servía para atraer a las hembras y para reconocerse entre ellos. Eso sí, resultaba demasiado débil para que la usaran como arma en algún enfrentamiento, pues se cree que se podría romper fácilmente, y con la cantidad de vasos sanguíneos que tenía, si se rompía les podía ocasionar un serio disgusto…

El de las dos crestas

En griego, *Dilophosaurus* quiere decir, literalmente, «lagarto de dos crestas». Se cree que podrían tener un color más bien rojizo y que estaban dispuestas en su cabeza en forma de uve. ¡Un dilofosaurio siempre se reconocía a la primera!

¡Cosas de película!

Fue en la película *Parque Jurásico* en la que se le añadió al dilofosaurio un collar extensible de colores alrededor del cuello, y ahora muchos se creen que era así. Es cierto que quedaba muy vistoso, pero parece que fue producto de la imaginación de los autores de la película, puesto que no existe ninguna prueba. Sí que existe un reptil actual así: si buscas lo que es un clamidosaurio, lo podrás comprobar.

EL RETO

Este dilofosaurio ha perdido su sombra. ¿Podrías encontrar cuál de ellas es?

A

B

C

D

E

F

G

H

I

J

K

EL DATO

Podía acercarse a los 2 m de altura, y a unos 7 m de longitud. Y, sin embargo, no llegaría a los 500 kg.

QUÉ CURIOSO

Pese a ser un dinosaurio carnívoro y más bien grande, el dilofosaurio era bastante delgado, ágil y flexible. Sin embargo, no se cree que fuera muy rápido: podría correr a 30 km/h, pero solo durante espacios cortos. ¡Sus caderas no daban para muchas carreras!

Velocirraptor

Un cazador temible... y veloz

Aunque era bastante pequeño (tenía el tamaño de un pavo moderno), sus garras en forma de hoz parecen haber sido su arma más potente.

Garras terroríficas

Fue un animal carnívoro y bípedo, con una gran habilidad para levantar una de sus patas y enganchar con ella a sus víctimas con ayuda también de la propulsión de su cola. Poseía unas potentes garras en sus patas delanteras que pudo usar para perforar y sujetar a sus presas, e incluso para alimentarse de carroña.

QUÉ CURIOSO

El velocirraptor tenía uno de los cerebros más grandes en comparación con su tamaño de cualquiera de los dinosaurios. Probablemente fue uno de los dinosaurios más inteligentes.

A toda velocidad

El velocirraptor estaba también cubierto de plumas y no de escamas, y se cree que poseía una gran inteligencia al nivel de otros animales actuales como el delfín o los primates. ¿Sabías que podía alcanzar en carrera los 64 km/hora?

La caza

Los velocirraptores eran cazadores eficaces con un excelente sentido del olfato. Sus largas patas musculosas les permitían dar pasos largos y alcanzar velocidades de hasta 38 km/h. Una vez con la víctima entre sus garras, es probable que terminaran el trabajo con unas mandíbulas llenas de dientes serrados.

EL DATO

No superaba los 2 m de largo y su peso pudo rondar los 15 kg... ¡Como un niño muy pequeño!

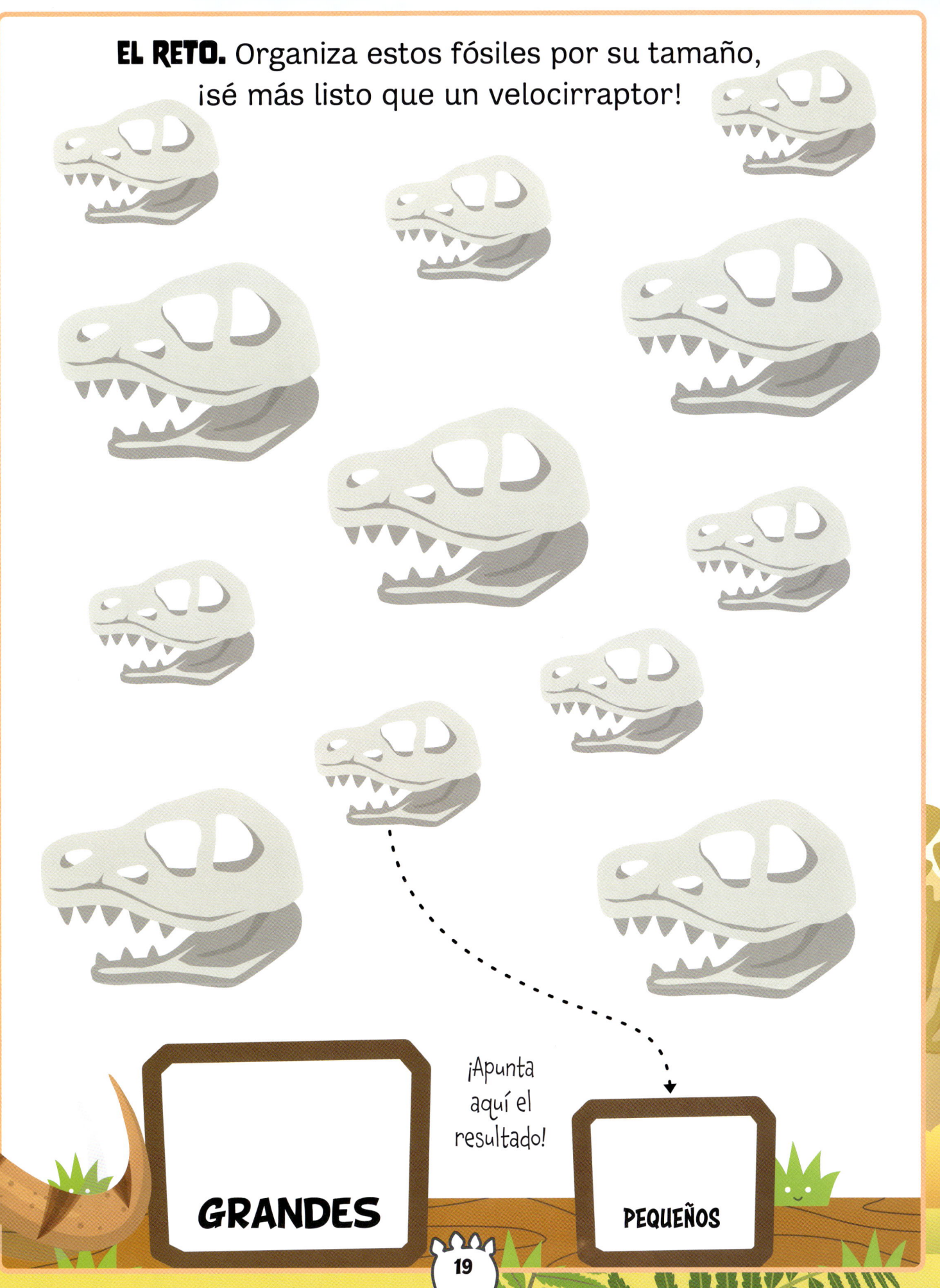

EL RETO. Organiza estos fósiles por su tamaño, ¡sé más listo que un velocirraptor!

¡Apunta aquí el resultado!

GRANDES

PEQUEÑOS

Deinonicus

Un cazador en grupo

Posiblemente conozcas al deinonicus más de lo que crees, solo que con otro nombre… Sigue leyendo hasta el final, ¡y te daremos una gran sorpresa!

¡Eh! Que sabemos pensar…

El deinonicus nos recuerda un poco a otro famoso reptil, el velocirraptor. Y es normal, porque están dentro de la familia de dinosaurios. Sin embargo, el deinonicus era más grande y vivió antes. Se sabe que cazaban en grupo y que si rodeaban a una presa, aunque fuera más grande, no tenía muchas posibilidades de sobrevivir. Esa forma de cazar en manada demuestra que eran animales con cierta inteligencia, capaces de coordinarse. Hasta que no se descubrió este comportamiento, muchos pensaban que todos los dinosaurios eran algo… tontos.

Plumíferos

¡Estos dinosaurios tenían plumas! Sí, aunque no volaban, ni planeaban, y parece que tampoco son los antepasados de ningún tipo de ave, los deinonicus tenían el cuello, los brazos y la cola cubiertos de plumas largas. ¿Para qué? No se sabe con seguridad, pero pudieron servir como estabilizadoras mientras luchaba contra su presa. En cualquier caso, les daría un aspecto singular.

Terrible… ¡y letal!

En el idioma de los griegos antiguos, deinonicus quería decir «garras terribles». Eso hacía referencia a una garra especialmente grande, en forma de hoz, en el segundo dedo de cada pata trasera. Tenía 12 cm de largo, ¡y podía rajar el cuerpo de otros dinosaurios con ella!

EL RETO

¿Conoces esta canción?
Lo que tienes que hacer es
contar cuántas vocales y cuántas
consonantes hay. ¡Mucho ojo!

**UN DEINONICUS SE BALANCEABA
SOBRE LA TELA DE UNA ARAÑA,
COMO VEÍA QUE NO SE CAÍA
FUE A LLAMAR A OTRO DEINONICUS...**

VOCALES:

CONSONANTES:

EL DATO

De la cabeza a la cola medían cerca de 3,5 m y no llegaban casi a los hombros de una persona. También eran ligeros, en torno a los 75 kg.

QUÉ CURIOSO

En la película de *Parque Jurásico* (1993) los velocirraptores eran, en realidad, deinonicus. ¿Por qué? Porque el escritor de la novela quería dinosaurios como ellos (del tamaño de una persona), pero el nombre «velocirraptor» le parecía más conocido.

Baryonyx

No te pongas al alcance de su garra, por favor

Los dinosaurios solían tener garras poderosas, pero la de esta especie resultaba especialmente aterradora. Era como llevar una navaja abierta todo el día...

QUÉ CURIOSO

Se han encontrado varios fósiles de baryonyx, en especial en el Reino Unido y en España. Sin embargo, su cráneo siempre se ha hallado incompleto. Como es pariente del sucomimo, los investigadores lo han completado siguiendo sus rasgos.

Un paladar poco exigente

Parece que el baryonyx era un pescador consumado. Eso indica su hocico alargado con finos dientes, y también su garra alargada con forma de garfio, con la que sacaba los peces del agua. ¿Recuerdas cómo los osos se sitúan en las rocas del cauce de un río y pescan los salmones? Pues algo parecido hacía el baryonyx. Por supuesto, también cazaba otras presas menores y comía carroña. ¡Lo que pillara, vamos!

Destripamos su secreto

Las manos tenían tres dedos, y uno de ellos formaba una garra de 35 cm, con forma de gancho. ¿Para qué la quería? Ya te lo imaginas: para rajar y destripar...

Siempre, ¡dientes limpios!

Baryonyx quería decir, originalmente, «garra pesada». Ya sabemos que eso se debe a la gran garra que tenía en las patas delanteras. Pero tampoco iba mal de dientes, ya que tenía 96, el doble que la mayoría de sus parientes. Y, curiosamente, tenía 64 arriba y 32 abajo, pero estos inferiores eran más grandes. Seguramente permitían a pequeños pterosaurios que limpiasen sus dientes, como hacen los pájaros de hoy con los cocodrilos: eso se llama simbiosis.

EL DATO

Medía unos 9 m de largo y casi 3 m de alto. Pesaba entre 2 y 3 toneladas. Se parecía bastante al gavial, un cocodrilo actual.

Plesiosaurio

Una vida bajo el mar

Aunque no es un dinosaurio propiamente dicho, sí que está relacionado con ellos. Habitaron en todos los mares.

Una broma… ¿pesada?

Cuando se descubrieron los primeros fósiles de plesiosaurio, se dijo que parecían una tortuga atravesada por una serpiente. ¿Crees que le hubiera hecho gracia?

Muchas especies

Los plesiosaurios son un orden de los saurópsidos; es decir, un grupo de reptiles muy grande, con muchas especies. Evolucionaron durante millones de años. Unos tenían el cuello más largo y otros más corto, y unos tenían la cabeza pequeña y otros… ¡pequeñísima!

Cazadores y cazados

Los plesiosaurios eran carnívoros y contaban con unos grandes dientes en forma cónica y afilados en su punta. Se han encontrado fósiles con restos en el estómago de otros grandes animales. Pero, ojo, también se han hallado otros ejemplares con mordeduras de tiburón en sus aletas. Así que también los atacaban otros animales. ¡Esas luchas submarinas tenían que ser espectaculares!

EL DATO

Se cree que el más grande podía igualar el tamaño de la actual ballena azul; es decir, unos 30 m (pero más ligero, unas 25 toneladas).

EL RETO

Aquí tienes una serie de dinosaurios y cada uno equivale a un número. Tendrás que averiguar cuál es resolviendo estas sumas de abajo. ¡Ánimo, solo hay que pensar un poco!

Mosasaurio

El látigo de los mares prehistóricos

Este gigante de las aguas surcó los mares durante millones de años, con unas enormes mandíbulas dispuestas a tragárselo TODO.

Le gustaba comer... ¡cualquier cosa!

El mosasaurio tenía unos ojos grandes y un sentido del olfato poco desarrollado. Eso parece indicar que vivía cerca de la superficie del mar, donde podría divisar a sus víctimas: peces, tortugas, amonitas, y posiblemente mosasaurios más pequeños. Un poco caníbal sí que era...

QUÉ CURIOSO

Al contrario que la mayoría de los reptiles, todo apunta a que el mosasaurio era de sangre caliente. Es decir, que no dependía del ambiente exterior para estar calentito por dentro. Esto hizo posible que llegase a los mares de los polos, ya que no se congelaba.

Un nombre fluvial

Han encontrado fósiles del mosasaurio por el planeta entero, ya que se movió por todos los mares de la Tierra (¡que por entonces era muy diferente a la que hoy conocemos!). Pero el primero se encontró en 1764 en una ciudad neerlandesa llamada Maastricht, cerca del río de la ciudad, el río Mosa. Has de saber que fue uno de los primeros dinosaurios encontrados... ¡Aunque al principio creyeron que era una ballena! Más tarde, cuando salieron de su error, lo bautizaron con el nombre del río.

EL DATO

El mosasaurio más largo llegaba a los 18 m. Hay muchas dudas sobre su peso: creen que sobre las 3 toneladas.

EL RETO. Esta pareja de mosasaurios quiere verse, pero tienen que encontrar el camino en este laberinto. ¿Les ayudas?

Un diseño perfecto

Su cuerpo era totalmente hidrodinámico (que es como aerodinámico, pero en el agua). Tenía un cuerpo alargado, dos pares de aletas y una cola larga y potente, para impulsarse rápido y atacar por sorpresa.

Pterodáctilo

Un animal de altos vuelos

Los pterosaurios fueron los primeros vertebrados en conquistar el aire. Entre ellos, el pequeño pterodáctilo es quizá el que mejor conocemos.

El origen

Como la mayoría de estos reptiles, su nombre es muy descriptivo. Pterodáctilo quiere decir «dedo alado». Bueno, algo parecido a los murciélagos, a los que se les llama quirópteros: «manos aladas».

¿Cómo volaban?

Los pterodáctilos volaban gracias a unas alas formadas por una membrana de músculo y piel. Poseían un cuarto dedo muy, muy alargado en comparación con su tamaño, y esa membrana cubría desde ese dedo hasta sus patas traseras. Cuando la extendía, cumplía perfectamente su misión de ala, y podían surcar los cielos.

QUÉ CURIOSO

¡Mucho ojo! Los pterosaurios no eran exactamente dinosaurios, ya que su esqueleto no estaba adaptado para caminar en posición erguida. Fueron, eso sí, otro tipo de reptiles a los que la evolución dotó de la capacidad de volar. Contemplar aquel mundo salvaje desde las alturas tenía que ser... ¡impresionante!

Esto has de conocer…

Aunque hoy ya sabemos que los actuales pájaros provienen de los dinosaurios, es importante conocer que NO DESCIENDEN de los pterosaurios, de ninguno de ellos. La evolución los llevó a formas similares: es lo que se llama convergencia evolutiva. Algo así como que los seres vivos toman la forma que más les conviene para adaptarse a su medio, aunque hayan vivido en épocas muy distintas. Es lo que les sucede a las aves, a los murciélagos o a los pterosaurios.

EL RETO. Completa este sudoku de dinosaurios, de tal manera que no se repita ninguno en la misma fila o columna. ¡Hay solo seis ejemplares!

Quetzalcoatlus

Un avión surca el cielo

Este tipo de pterosaurio es uno de los mayores animales que jamás hayan conseguido volar, mucho mayor que cualquier águila o cóndor de nuestros tiempos.

Caminar y volar, todo es empezar

Este dinosaurio volaba, claro, pero también se desplazaba lentamente por tierra sobre las patas traseras y los brazos, apoyando gran parte del peso sobre tres dedos de la mano, mientras que el largo cuarto dedo se lo reservaba para sujetar el ala. Tenía unos músculos muy fuertes en los hombros, y los investigadores creen que esto le permitía despegar y volar a una velocidad de más de 50 km/h. Eso sí, no se sabe aún muy bien qué comían, si cazaban o eran carroñeros.

EL DATO

Un ejemplar adulto podía tener una envergadura de 16 m y ser tan alto como una jirafa. No se sabe muy bien cuánto pesaba: unos 150 kg, quizá.

El más grande entre los grandes

Durante años, el quetzalcoatlus ostentó el título de animal más grande que jamás hubiera conseguido volar. Pero, en 2002, descubrieron los fósiles de otro género de pterosaurio en Rumanía, y los paleontólogos observaron que era aún mayor. Lo llamaron hatzegopteryx, y su envergadura rondaba los 16 m.

Un gigante americano

El quetzalcoatlus recibe su nombre en honor al dios azteca Quetzalcóatl, la Serpiente Emplumada. El quetzalcoatlus carecía de plumas, pero bueno, al menos era también un reptil, grande y poderoso, y fue descubierto en América del Norte. ¡Algo que ver sí tenían!

QUÉ CURIOSO

Con el quetzalcoatlus ha habido un poco de lío. Primero se pensaba que medía 16 m de envergadura, luego que 21, más tarde que «solo» 11 m, ahora que 16 m... Pero es normal, sucede cuando se estudian fósiles, que todo cambia cuando encuentras nuevos huesos, que son las pruebas que necesita la ciencia.

EL RETO

Aquí tenemos un montón de huellas de dinosaurios. Se parecen bastante, pero solo dos son exactamente iguales. ¿Sabes cuáles?

Ovirraptor

¿Una fama de ladrón injusta?

Este dinosaurio quizá sea un pariente muy lejano de las aves actuales. Hoy ya parece claro que los pájaros provienen de una familia de pequeños dinosaurios.

Brazos pequeños y veloces

El ovirraptor tenía tres dedos en las patas delanteras con garras muy afiladas. El primer dedo era un poco más pequeño, y seguramente lo usaba como pulgar. Esos brazos eran de gran utilidad para recoger huevos de otros dinosaurios… ¡O quizá, tan solo, para cuidar de los suyos!

QUÉ CURIOSO

El ovirraptor pertenecía al suborden de los terópodos, que son los dinosaurios que, con el tiempo (¡muchos millones de años!) evolucionaron hasta convertirse en aves. ¡La evolución lleva su tiempo!

EL DATO

Era un dinosaurio pequeñito: no más de 1,7 m de largo, 0,70 m de alto y pesaba unos 25 kg.

Plumas sin vuelo

El ovirraptor contaba con plumas en el cuerpo, en las patas delanteras y en la cola… Pero no, no podía volar. ¡Tiempo al tiempo!

EL RETO. Abajo verás unas palabras relacionadas con el ovirraptor. ¿Serás capaz de encontrarlas en esta sopa de letras?

A	D	I	L	K	I	T	A	O	P	L	U
N	P	L	U	M	O	T	A	S	N	I	M
T	I	L	U	F	Y	K	Z	A	O	N	A
I	R	T	U	N	L	A	C	U	I	S	S
L	A	D	C	M	O	N	R	R	C	E	E
O	T	I	M	D	A	T	E	O	U	C	V
P	A	O	I	E	E	S	S	P	L	T	O
O	S	N	A	S	D	J	T	O	O	A	L
L	I	L	U	S	I	V	A	D	V	S	U
L	N	H	U	E	V	O	S	I	E	U	C
O	G	E	E	R	R	E	X	C	Y	U	O

PLUMAS
CRESTA
HUEVOS
NIDO
EVOLUCIÓN

¿Ladrón o no?

Seamos justos. El primer fósil descubierto de un ovirraptor se encontró cerca de un nido y se dio por hecho que lo estaba atacando, pero más tarde se investigó a fondo y el nido pertenecía, en realidad, al ovirraptor. Así que no sabemos con seguridad si robaba huevos, pero el pobre ya se quedó con ese nombre… La verdad es que le gustaba comer tanto carne como vegetales: era omnívoro.

Arqueópterix

¿Es un pájaro, es un avión?

Pues es un dinosaurio, pero el más cercano a las aves jamás conocido. Una pieza clave en la teoría de la evolución.

Pájaro veterano

Desde el siglo XIX, los científicos han considerado al arqueópterix como el ave más antigua conocida. O, al menos, como un eslabón muy claro entre los dinosaurios y las aves actuales. Era pequeño —más o menos como un cuervo— y podía planear y, posiblemente, también volar. Y, a diferencia de los pterosaurios, ¡sí que era un dinosaurio al cien por cien!

QUÉ CURIOSO

El primer arqueópterix lo encontraron en 1861, dos años después de que Charles Darwin publicase *El origen de las especies*, y ayudó a respaldar su teoría de la evolución.

Prueba y error

Su nombre significa «ala antigua». Normal, fue el primer dinosaurio encontrado con plumas. De hecho, al principio creyeron que era un pájaro. Menos mal que se lo pensaron dos veces.

Cazar… sin volar

Los paleóntologos no creen que pudiera cazar en pleno vuelo, como un halcón. Es más probable que lo hiciesen en tierra, entre los arbustos, y que agarrase a sus presas con sus garras y sus dientes.

EL DATO

Pesaba algo menos de 1 kg y su cuerpo no medía más de 50 cm. Su envergadura se acercaba a los 80 cm.

EL RETO. ¿Quieres ser un paleontólogo? Entonces deberás prestar mucha atención a las señales. Mira bien estos dibujos y deduce qué figuras deben aparecer en los círculos.

Triceratops

Cuernos y escudo

El triceratops destacaba por los tres cuernos de su cara y el escudo sobre su cabeza que se orientaba hacia atrás y protegía su cuello.

El rey de los herbívoros

Es el dinosaurio más dócil y manso que se conoce. Se equipara con el actual rinoceronte. Si el tiranosaurio es el rey de los dinosaurios carnívoros, se puede decir que el triceratops es el rey de los dinosaurios herbívoros.

Pico de pato

En su boca con forma de pico de pato tenía unos 800 dientes que se le regeneraban constantemente. Pero no los utilizaba para masticar la comida, sino para arrancar hojas y helechos.

QUÉ CURIOSO

Los triceratops eran dinosaurios que se agrupaban en manadas con especímenes de todas las edades, y vivían y viajaban en grupo. Los adultos protegían a las crías de los ataques de los depredadores con sus propios cuerpos, formando barreras para que estos no tuvieran acceso a los pequeños.

Cabezón

La cabeza del triceratops poseía las dimensiones más grandes entre todos los animales que han existido jamás en el planeta.

EL RETO. Ayuda al triceratops a encontrar a su bebé dino eligiendo el camino correcto. Habrá que dar muchas vueltas, ¡pero merecerá la pena!

¡Qué miedo!

Hasta un inmenso tiranosaurio podía intimidarse ante la presencia de un triceratops y decidir no atacarlo, ya que podría salir herido con sus cuernos. Por el contrario, el triceratops se encontraba bastante protegido. Las zarpas y los dientes estaban protegidos por la placa ósea. Su piel era bastante gruesa y tenía una serie de abultamientos distribuidos de manera irregular. Se enfrentaba a sus contrincantes a una velocidad de hasta 35 km/h. Tan solo con su peso, bastaba para mantener a los depredadores lejos.

Parasaurolopo

¿Un dinosaurio cantarín?

Este dinosaurio nos parece bastante simpático porque era herbívoro y por la forma de su cabeza, tan alargada.

¿Por qué esa cresta?

Se cree que esa especie de cresta que tiene el parasaurolopo le servía para emitir sonidos muy especiales, que resonaban mejor y más fuerte, de manera que los machos pudiesen atraer a las hembras. ¿Eran unos cantantes románticos?

¿Por qué se llama así?

El nombre del parasaurolopo le llega porque los arqueólogos que descubrieron sus huesos pensaron que podía ser un pariente del saurolopo. Y en griego *sauro* es lagarto, *lopo* es cresta y *para* es cerca, similar: así que parasaurolopo viene a decir «similar al lagarto con cresta».

EL DATO

La especie más grande medía casi 8 m de largo y 3 m de alto. ¡La cara podía tener más de 1 m de largo!

QUÉ CURIOSO

También se cree que la cresta le servía para enfriar el cerebro. Pero la hipótesis más curiosa —ya descartada, claro— era que esa cresta les servía de tubo para ir nadando debajo del agua. Hoy nadie se cree que fueran los inventores del esnórquel...

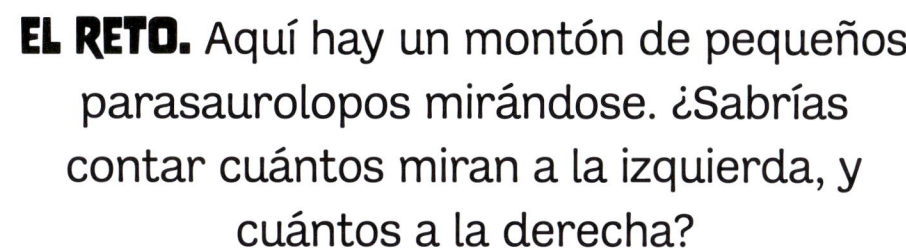

EL RETO. Aquí hay un montón de pequeños parasaurolopos mirándose. ¿Sabrías contar cuántos miran a la izquierda, y cuántos a la derecha?

IZQ. ⟵ ◯   ◯ ⟶ **DER.**

¿Cantante… y actor?

El parasaurolopo no era un dinosaurio muy conocido, hasta que apareció en la película *Parque Jurásico* (1993) y se popularizó entre los niños y niñas de todo el mundo. Desde entonces, ha salido en todas las películas de la saga.

Estegosaurio

El dinosaurio bajo el tejado

Este género de dinosaurios es uno de los más reconocidos, por sus características placas en la espalda y espinas en la cola.

QUÉ CURIOSO

Su nombre viene del griego y literalmente significa «lagarto con tejado», debido a las placas que se encontraban en su dorso.

Fama y protección

El estegosaurio no tenía las placas sobre su espalda para hacerse famoso, no. Al parecer, le servían como protección ante depredadores mayores que quisieran abordarlo desde arriba. También las utilizaba para soltar energía cuando estuvise muy acalorado. Tenía entre 17 y 22, y la mayor de ellas podía alcanzar un tamaño de 60 x 60 cm.

¿Por qué es tan famoso?

Bueno, porque ha aparecido en libros como *El mundo perdido* (1912), de Arthur Conan Doyle (el creador de Sherlock Holmes) o en películas clásicas como *King Kong* (1933) o *Fantasía* (1940).

Velocidad de crucero

Se cree que podía alcanzar una velocidad de 18 km/h, parecida a la de un atleta no profesional.

EL RETO

Aquí tenemos unos simpáticos estegosaurios, que se parecen mucho. Sin embargo, solo dos son exactamente iguales. ¿Cuáles son?

Diplodocus

Un gigante bonachón

Durante mucho tiempo, se pensó que era el dinosaurio más grande, hasta que se descubrieron otras especies.

Una forma muy reconocible

Aunque los grandes dinosaurios herbívoros se parecen un poco, podrás reconocer al diplodocus por tener un cuello y una cola muy, muy largos. La zona central del cuerpo, entre pata y pata, ocupa menos de una quinta parte de su longitud.

El origen de su nombre

La palabra diplodocus proviene del griego. Por un lado, *diplo* quiere decir «doble» y *docus*, «viga». Esto se explica porque los huesos de su cola tenían una estructura doble, es decir, más hueso del habitual, puesto que era muy, muy pesada.

QUÉ CURIOSO

Los diplodocus nos tienen un poco despistados. En lo que sería su dedo pulgar contaban con una garra, mucho más grande que la de otros saurópodos parecidos. ¿Para qué la querrían? No eran cazadores y para defenderse era mejor su cola, que usaban como látigo.

¿Con o sin espinas?

No se ponen de acuerdo. Algunos investigadores creen que el diplodocus contaba con unas estrechas y puntiagudas espinas a lo largo de la espalda, desde la cola hasta el cuello. Más o menos como las de la iguana actual, pero mucho más grandes, claro: de unos 18 cm. Otros no lo tienen tan claro, por eso te podrás encontrar dibujos de diplodocus con o sin espinas. ¡Es lo que pasa cuando no hay fotografías ni vídeos de la época!

EL RETO. ¿Te gustan los fósiles? Demuestra que puedes ser un paleontólogo y encuentra el único esqueleto de diplodocus.

Iguanodon

El dinosaurio con pico

Es uno de los pocos dinosaurios conocidos que podían masticar, puesto que la mayoría tan solo mordían, desgarraban y tragaban. Así que podemos decir que el iguanodon era «fino y elegante».

QUÉ CURIOSO

El iguanodon (o iguanodonte) fue uno de los primeros dinosaurios en ser estudiado de manera científica. Descubrieron un fósil en 1822, y al principio pensaron que era como una iguana gigante. Poco a poco, fueron conociendo más cosas. La buena ciencia necesita su tiempo.

¡Vaya pico de oro!

Este dinosaurio no tenía dientes en la parte delantera de las mandíbulas, sino un pico, casi como un pájaro. Le servía para arrancar las hojas, ya que era herbívoro. En la parte interior de la boca sí tenía dientes, unos 100. Algunos tenían forma de colmillo, y otros de muelas, para masticar.

Parecidos razonables

Cuando encontraron su cráneo fosilizado, les llamaron la atención sus dientes, muy parecidos a los de una iguana, pero en grande. Por eso lo bautizaron así: iguanodon quiere decir «diente de iguana».

EL DATO

Podía llegar a los 10 m de largo, y a los casi 3 m de alto. Normal que pesase 5 000 kilos, es decir, 5 toneladas.

EL RETO. Hemos encontrado un montón de huellas fosilizadas. Hay dos de iguanodon, como la muestra en rojo. ¿Sabrías encontrar otras iguales aquí abajo?

Herbívoro, pero peligroso

El iguanodon podía andar a dos o cuatro patas. Para defenderse de los depredadores contaba con un pulgar provisto de un espolón muy afilado, en forma de púa, de unos 20 cm de largo. Cualquier carnívoro tendría que tomar muchas precauciones a la hora de atacarlo si no quería morir en el intento.

Braquiosaurio

Vegetariano y comilón

Es uno de los dinosaurios más conocidos, por su gran tamaño y su aspecto inofensivo. Pero, ojo, ¡si lo atacaban sabía defenderse!

Dinosaurio… ¡y podador!

Este gigantesco herbívoro se pasaba el día comiendo, ¡no tenía nada mejor que hacer! Claro, para alimentar a ese gigantesco corpachón comía unos 120 kg de hojas al día. Sí, su dieta consistía casi en exclusiva en las hojas que arrancaba de las copas de los árboles. Muchos de esos árboles ya no existen: ¡han pasado cientos de millones de años!

QUÉ CURIOSO

A unos investigadores les dio por calcular cuánta sangre tendría un braquiosaurio, y determinaron que en su cuerpo habría unos 1200 litros. ¡Lo mismo que 240 humanos adultos juntos! Así se entiende que su corazón pesase cerca de 200 kg…

Un cuello para alcanzarlo todo

Su cuello podía llegar a los 7 m de largo y la cabeza, en su posición más habitual, se encontraba a unos 9 m del suelo, aunque se podía estirar hacia arriba o inclinarse hacia abajo.

EL DATO

El ejemplar más largo de braquiosaurio podía llegar a los 26 m de largo, y pesar unas 50 toneladas.

¿Dinosaurio a tres patas?

Algunos investigadores creían que el braquiosaurio se podía apoyar sobre su cola para ponerse a dos patas, y así alcanzar ramas más altas. Ahora se cree que eso era imposible. Por la forma de su cuerpo, si lo hubiera intentado se habría caído hacia atrás… ¡y eso habría sido un, gran, gran problema!

EL RETO. Tenemos todas las piezas de este puzle. Sin embargo, diez se han salido y se han mezclado con otras. ¿Podrías volver a colocarlas?

Paquicefalosaurio

El dinosaurio cabezota

Este dinosaurio destacaba por su cráneo abultado, como si tuviera un «chichón gigante» en la parte superior de la cabeza.

¡Vaya casco natural!

Lo más característico de este dinosaurio es su cráneo sobresaliente. No, no nos referimos a que fuera muy listo y sacase buenas notas. Simplemente, el cráneo tenía una cúpula muy gruesa de 25 cm de grosor. ¿Servía para embestir a otros ejemplares en sus luchas? No está muy claro, pero puede que así fuera.

QUÉ CURIOSO

Los paquicefalosaurios no eran seres solitarios, ¡qué va! Vivían en grupos, como si fueran un rebaño de vacas. Su alimentación se basaba en vegetales, que tomaban de arbustos o del suelo, ya que podían inclinarse y apoyarse en sus patas delanteras.

EL DATO

De largo llegaba hasta los 4,5 m; sin embargo, no era más alto que un humano: medía 1,5 m. Caminaba a dos patas.

Popular… pero desconocido

El paquicefalosaurio se ha convertido en un dinosaurio popular por su extraño cráneo, que lo hace muy reconocible. Sin embargo, en realidad han aparecido muy pocos restos suyos, casi todos de la cabeza. El resto del cuerpo lo han imaginado por cómo eran otros parientes suyos. ¡Hay que encontrar más paquicefalosaurios!

¡Qué piel más dura!

Paquicefalosaurio, en griego, quiere decir «reptil de cabeza gruesa». Por eso, cuando a los elefantes o a los hipopótamos se les llama «paquidermos», es porque se hace referencia a su piel gruesa, mucho, muchísimo más ancha y dura que la nuestra.

EL RETO. Hay cuatro especies distintas de dinosaurio. ¿Sabes cuántos dinosaurios bebé hay de cada una? Cuenta, cuenta…

Anquilosaurio

El lagarto acorazado

Aquí tenemos un dinosaurio más bien lento y tranquilo, que pastaba tan a gusto… Hasta que llegaba un depredador y se convertía… ¡en un auténtico tanque!

Un especialista en la defensa

El anquilosaurio era un animal muy bien equipado para el combate. Su armadura consistía en protuberancias y placas de hueso que funcionaban como escudos, incrustadas en la piel. Los científicos los llaman osteodermos, y había algunos pequeñitos, de apenas un centímetro, pero otros llegaban a los 35 cm. Era parecido a tener una cota de malla como la que llevaban los guerreros medievales. Su nombre quiere decir «lagarto acorazado»: ¡muy buena definición!

Un arma poderosa

En la cola tenían una protuberancia, en forma de mazo. Era como tener un martillo con dos pelotas de baloncesto (más grandes, incluso) a cada lado. Y no rellenas de aire, sino de duro hueso. ¡Mucho cuidado!

EL RETO. Has visto muchos dinosaurios, pero... ¿Sabes dibujar uno? Dibuja un anquilosaurio, paso a paso.

1

2

3

4

5

6

Luchas espectaculares

Esa potente cola era capaz de causar grandes daños a quien osara atacarlo. Se cree que con ella podía romper los huesos de sus enemigos, así que había que estar muy hambriento para intentar comérselo. Eso sí, una lucha de un anquilosaurio con un depredador tuvo que ser un espectáculo digno de contemplar.

EL DATO

Se han encontrado ejemplares de 6,5 m de largo y unos 2 m de alto, que pesarían... ¡casi 5 toneladas!

Memorias prehistóricas

¿Te acuerdas de aquellos tiempos?

Aquí tienes una serie de curiosidades sobre los dinosaurios y su época. Fíjate bien en cada uno de sus títulos durante un minuto y, entonces, pasa a la siguiente.

METEORITO

Dicen que hace 66 millones de años un meteorito gigante cayó sobre la Tierra. Causó una gran **explosión** que cambió la vida en el planeta.

JURÁSICO

El Jurásico es el periodo con el que más asociamos a los dinosaurios. Pero no te olvides de que también vivieron en el **Triásico** y en el **Cretácico**.

PSITACOSAURIO

Este dinosaurio, de perfil, se parecía mucho a un **loro**. Era herbívoro y se alimentaba sobre todo de helechos, las plantas predominantes en su época.

PROTOCERATOPS

¿Alguna vez quisiste **abrazar** a un dinosaurio? Pues el protoceratops era pequeño, herbívoro… ¡Para llevártelo a casa, vamos!

¿DRAGONES?

Hace siglos, en **China,** pensaban que los fósiles de dinosaurios eran de dragones y se utilizaban para hacer medicinas.

¿GIGANTES?

En Europa, sin embargo, durante la Edad Media, se pensaba que eran restos de gigantes y otras criaturas extinguidas en el **Diluvio Universal**.

¿LAGARTOS?

La palabra «dinosaurio» significa 'lagarto terrible'. La inventó en 1841 un científico inglés, Richard Owen, de los primeros en investigar los **fósiles**.

COCODRILOS

No, los cocodrilos no son dinosaurios, aunque convivieron con ellos y todos pertenecen a un grupo mayor, los **arcosaurios**.

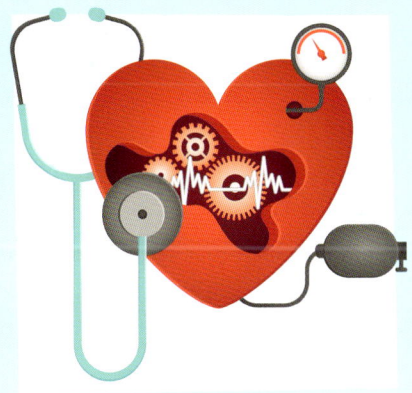

¿FRÍA O CALIENTE?

No está muy claro si los dinosaurios tenían la sangre fría o caliente. ¡Quizá la tuvieran en un punto **intermedio**!

PANGEA

Cuando surgieron los dinosaurios, la Tierra era muy distinta. Toda la superficie estaba unida en **un solo continente**, Pangea.

Ahora escribe los nombres bajo cada imagen. Y, además, hay tres que han cambiado un poco. ¿Sabrías decir cuáles?

La explosión habría causado una gran nube de polvo que habría enfriado el planeta. Con **menos alimentos**, los grandes dinosaurios fueron muriendo poco a poco.

Tanto Triásico, como Jurásico y Cretácico forman parte de un misma era: el **Mesozoico**. Vamos, ¡hace mucho mucho mucho tiempo!

Como el loro, también usaba su **pico** para cortar plantas. Además, es posible que también tuviera plumas en su cola. Eso sí, medía casi dos metros de alto. ¡Mucho más grande!

Es uno de los dinosaurios del que se han hallado un mayor número de fósiles, por eso es uno de los más conocidos. Se sabe que vivía en **manadas** y era bastante social.

Hasta principios del siglo XIX no se empezó a pensar, de forma generalizada, que los fósiles pertenecían a un **grupo extinto** de animales.

La teoría de la evolución de **Charles Darwin** proporcionó a los científicos una base para seguir estudiando correctamente los dinosaurios.

¡Aunque la verdad es que los dinosaurios no son lagartos! Pero bueno, el nombre era **curioso** y ya se quedó. Mejor no cambiarlo, ¿no?

En realidad, los cocodrilos y los **pájaros** son los únicos descendientes vivos que quedan de los arcosaurios.

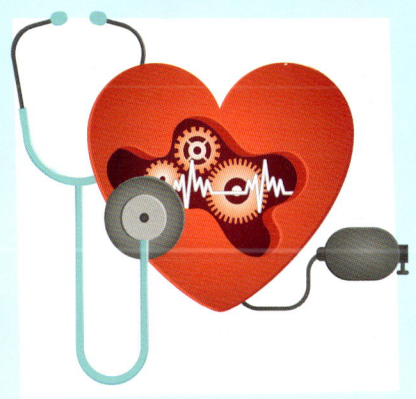

A los animales con sangre fría les hacen falta menos alimentos para sobrevivir, pero si hace mucho frío **mueren** o tienen que **hibernar**.

Durante su era, la Tierra se fue «rompiendo» en los **continentes** que conocemos actualmente. ¡Fue un periodo larguísimo, que aún continúa!

Soluciones

Página 7
Tiranosaurio

5	2	9
10	1	8
6	3	7

Página 9
Espinosaurio

A = 5   C = 6   E = 10   G = 4
B = 7   D = 9   F = 8   H = 6

A+B = 12   C+D = 15   E+F = 18   G+H = 10

Página 11
Alosaurio

Página 13
Sucomimo

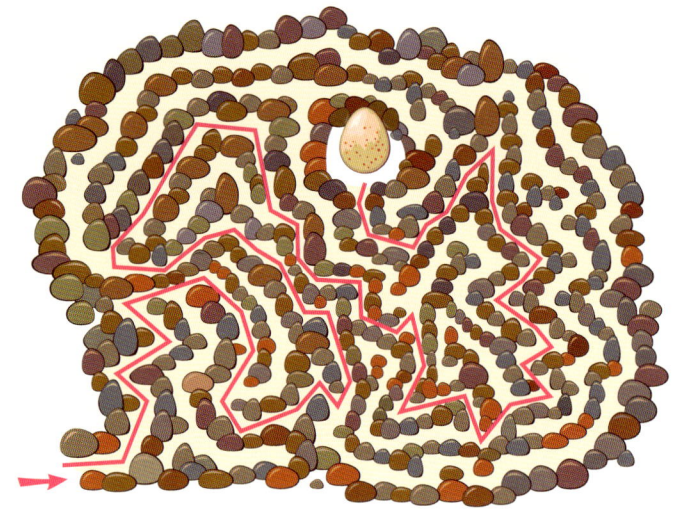

Página 15
Carnotauro

Página 17
Dilofosaurio
La sombra perdida del dilofosaurio es la **A**.

Página 19
Velocirraptor
Hay cinco fósiles grandes y siete pequeños.

Página 21
Deinonicus
Hay 48 vocales y 41 consonantes.

Página 23
Baryonyx
En negrita, algunas de las soluciones posibles. ¿Son iguales que las tuyas?

Página 25
Plesiosaurio

Página 27
Mosasaurio

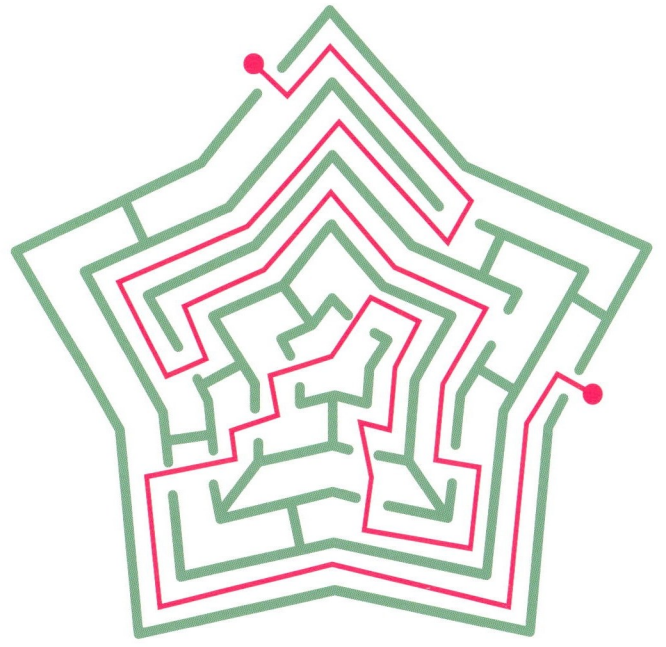

Página 29
Pterodáctilo

Página 31
Quetzalcoatlus

Página 33
Ovirraptor

A	D	I	L	K	I	T	A	O	P	L	U
N	P	L	U	M	O	T	A	S	N	I	M
T	I	L	U	F	Y	K	Z	A	O	N	A
I	R	T	U	N	L	A	C	U	I	S	S
L	A	D	C	M	O	N	R	R	C	E	E
O	T	I	M	D	A	T	E	O	U	C	V
P	A	O	I	E	E	S	S	P	L	T	O
O	S	N	A	S	D	J	T	O	O	A	L
L	I	L	U	S	I	V	A	D	V	S	U
L	N	H	U	E	V	O	S	I	E	U	C
O	G	E	E	R	R	E	X	C	Y	U	O

Página 35
Arqueópterix

Página 37
Triceratops

Página 39
Parasaurolopo

Hay 17 dinosaurios que miran a la derecha y otros 17 que miran a la izquierda.

Página 41
Estegosaurio
Los dos iguales son el 4 y el 7.

Página 43
Diplodocus

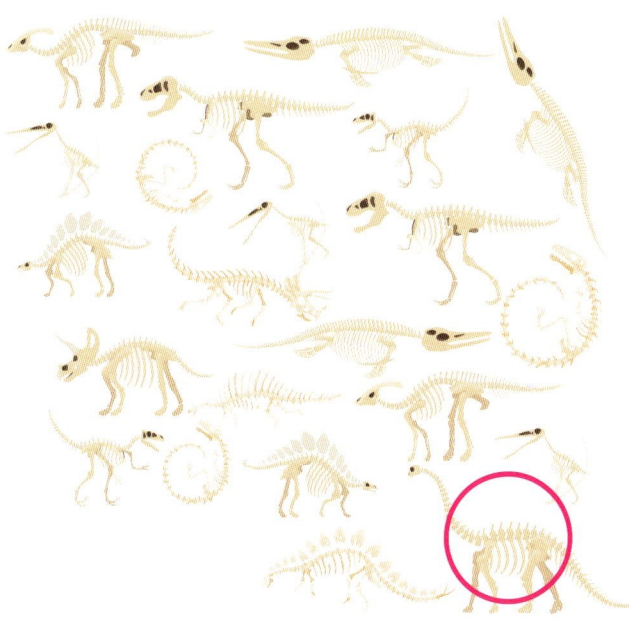

Página 45
Iguanodon

Página 47
Braquiosaurio

Página 49
Paquicefalosaurio

Página 52
Memorias prehistóricas
Han cambiado la sombra del protoceratops, la porra del gigante y el indicador del corazón.